By
Sylva Nnaekpe

Copyright © 2019 Sylva Nnaekpe.

ll direitos reservados. Nº parte deste livro pode ser reproduzido por qualquer meio, médio, Gráfico, eletrônico ou mecânica, incluindo a de fotocópia, gravação, gravação ou por qualquer sistema de recuperação de armazenamento de informações sem a permissão por escrito do autor, excepto no caso de citações curtas, encarnou em artigos críticos e avaliações.

Os livros podem ser encomendados através de livrarias ou
Ao contactar Silsnorra Publishing at:
silsnorra@gmail.com

Devido à natureza dinâmica da internet, qualquer endereço web ou links contidos neste livro podem ter mudado desde a publicação e pode não ser mais válido. Os pontos de vista expresso nesta obra são Apenas os do autor e não refletem necessariamente as opiniões do editor, E o editor, por este meio, toda a responsabilidade por eles.

ISBN: 978-1-951792-14-5 (capa suave)
ISBN: 978-1-951792-13-8 (Capa dura)
ISBN 978-1-951792-33-6 (livro eletrônico)

Informações de impressão disponíveis na última página.

Silsnorra Publishing Data de revisão: 10/18/2019

Meu nascimento trouxe felicidade, alegria e risos. Foi a vista mais bonita de se ver.

2

Eu tenho o características mais bonitas: cabelo, olhos, nariz, ouvidos, dentes, como a maioria das outras criança.

Meu coração está cheio.

De compaixão, amor e cuidado.

Eu tenho uma mente que eu posso chama o meu próprio..

**Eu sou um espírito

livre, disposto, capaz,

E pronto para aprender

E explore coisas novas.**

Sangue corre no

As minhas veias e eu vamos

pelo processo

Crescimento e desenvolvimento

Como a maioria dos outros

Crianças.

Eu aprendo a rastejar,

Falar, senta-te, levanta-te.

Ande e corra

Como muitas das crianças

que eu conheço.

Eu aproveite dos presentes gratuitos da vida-ar, água, comida, Bebida, luz do sol, As estrelas, as areias, E as estações - como todos os outros..

Eu tenho muita energia.

Estou vestido para

As estações, e eu sou um

Criança fixe.

Estou rodeado de

Pessoas que se importam

e adoram ver-me fazer

muito bem

Eu vou crescer para ser

O que eu quiser e

Eu desejo estar com

a ajuda

E o apoio das pessoas

Quem me ama e cuida

de mim.

Eu sou amado, e eu

Cuidado.

Algumas coisas podem

Tente destruir-nos, mas

Eu estou confiante

Que juntos possamos

Torne o mundo melhor.

Meu nome é Ivry.

Eu sou linda,

e

você também.

THE END

www.ingramcontent.com/pod-product-compliance
Lightning Source LLC
Chambersburg PA
CBHW051403110526
44592CB00023B/2939